Sagen und wahre Begebenheiten
aus Münchens Geschichte

4. Teil einer kleinen Stadtgeschichte
- nicht nur für Kinder -

Texte: Hanne Sedlmayer
Illustrationen: Ingrid Weidner

Für unsere Enkel
Meike und Kilian, Benedict und Jacob Sedlmayer
Franziska und Ferdinand Weidner

1. Auflage: April 2009
ISBN 978-3-00-027445-9

Kopieren – auch auszugsweise – ist nicht gestattet.

Das Affentürmchen

Die Sage vom Affentürmchen sollte eigentlich ein jedes Münchner Kindl kennen. Wie gesagt, es ist eine Sage. Sagen sind alte Erzählungen, die meist einen wahren Kern haben, aber ansonsten mit viel Fantasie weitererzählt wurden.

Das Affentürmchen findest Du im Alten Hof, in der ersten Burg der Wittelsbacher in München. Herzog Ludwig der Strenge war Erbauer und so auch der erste Bewohner dieser Burg. Es gab auch schon ein paar exotische Tiere, wie Löwen, Bären, Papageien und Affen. Affen sind recht lustige, gelehrige und raffinierte Tiere. Und sie „äffen" alles Mögliche nach. Ein besonders putziges Äffchen wurde in die herzogliche Familie aufgenommen. Es durfte mit am Esstisch sitzen, in der Burg herumtoben und sich mit der Amme im Kinderzimmer aufhalten. Einmal schlief die Amme neben der Wiege des kleinen Prinzen Ludwig ein. Der Affe schlich sich zur Wiege, nahm das Baby in seine Arme, schaukelte es hin und her, genauso, wie es die Amme gemacht hat. Als die Amme aufwachte und sah, dass der Affe den Prinzen im Arm hielt, erschrak sie und schrie vor Entsetzen. Darüber ist auch der Affe erschrocken, hielt den kleinen Ludwig fest in seinen Armen und rannte mit ihm auf und davon, die inzwischen alarmierten Burgbewohner hinterher. Zu guter letzt kletterte er übers Dach bis hinauf zur Turmspitze. Lange Zeit saß er da oben und schaute zu den vielen aufgeregten und schreienden Menschen hinunter, den kleinen Ludwig fest umklammernd. Erst als ihn der Küchenchef mit einem Schmankerl lockte, kam der Affe wohlbehalten mit Ludwig im Arm herunter.

Dieser Ludwig war der spätere **Kaiser Ludwig der Bayer.**

Herzog Christoph der Starke

Im Jahre 1460 zog ein schlimmes Gewitter über München hinweg. Es blitzte und donnerte entsetzlich, die Menschen verkrochen sich in ihre Häuser, zündeten Wetterkerzen an und beteten. Plötzlich schlug ein Blitz in den Turm des Rathauses ein und setzte ihn in Brand. Der Wind tat ein Übriges. Das Feuer griff auf die umliegenden Häuser in der Burgstraße über. Die Burgstraße war eine noble Adresse; denn zwischen Rathaus und Altem Hof wohnten der Bürgermeister, der Stadtschreiber und einige Ratsherren. Das Haus des Bürgermeisters Ligsalz brannte lichterloh. Die Bewohner des Hauses konnten sich nicht auf die Straße retten, weil das große Tor verriegelt und der Schlüssel nicht zu finden war.

Da kam Herzog Christoph eilends daher, trat mit voller Wucht das mächtige Tor mit einem einzigen Fußtritt ein und befreite die verängstigten Menschen aus ihrer großen Not. Aber, oh weh, oh weh. Die Mama Ligsalz weigerte sich, aus dem Haus zu gehen, denn ihr Jüngstes lag oben in der Dachkammer in der Wiege. Christoph beruhigte die verzweifelte Mutter, schleppte sie hinaus und rannte die schon lichterloh brennenden Treppen hinauf. Er schnappte sich das kleine Kind in letzter Minute und legte es der überglücklichen Mutter in die Arme. Er wartete keinen Dank ab, lief zu den nächsten Brandherden, riss Mauern nieder und kämpfte bis zur Erschöpfung. Dann regnete es sintflutartig und so kam das Feuer endlich zum Erlöschen.

Herzog Christoph und der Geizkragen

Wie Du Dir gut vorstellen kannst, war der Herzog nach dieser Heldentat völlig erschöpft. Er ging zurück in die Burg und legte sich in voller Montur und schwarz vom Ruß auf seine Lagerstatt. Am andern Morgen schaute sein Bruder Albrecht, der von der Heldentat seines Bruders erfahren hatte, nach ihm. „Christoph, diesmal hast du dir einen reichlichen Lohn verdient! Geh´ zum Kämmerer hinüber und lass dir hundert Goldtaler auszahlen!", sagte Albrecht, der sonst seinem Bruder gegenüber sehr knauserig war.

Christoph hatte immer Geldnöte und hundert Goldtaler waren für seinen leeren Beutel ein Segen. Fröhlich ging er zum Kämmerer, der die Hofkasse verwaltete und forderte seinen Lohn. „Hoher Herr", jammerte dieser, „ich kann dir beim besten Willen nichts geben, meine Geldtruhe ist leer". Wutentbrannt packte Christoph den Kämmerer beim Schopf, steckte ihn in die Truhe und setzte sich oben drauf. Der Kämmerer bekam kaum Luft, schrie verzweifelt und versprach dem Herzog, dass er ihm das Geld sofort ausbezahlen werde. Mit wackligen Knien und kreidebleich kroch der Kämmerer aus der Truhe und zahlte mit zittrigen Händen das versprochene Geld aus. Glücklich und vergnügt und zu neuen Taten bereit, verließ der Herzog den armen Geizkragen.

Badestuben

Zu Herzog Christophs Zeiten – das war Ende des 15. Jahrhunderts - gab es weder in Schlössern noch in den Häusern der Bürger fließendes Wasser oder gar Bäder. Aber in den städtischen Badestuben hatte man die Möglichkeit zum Baden. Das Thürlbad in der Graggenau, ein paar Schritte vom Alten Hof entfernt, war das Bad für die höhere Gesellschaft. Dort ging es mitunter recht zünftig zu. Männlein und Weiblein saßen vergnügt im Waschzuber, unterhielten sich, tranken Wein und ließen sich vom Bademeister und seinen Gehilfen verwöhnen.

Neben dem Thürlbad (hinterm Schlichtingerbogen) konnten die Münchner in das Kreuzbad im Kreuzviertel, in das Spitalbad an der Roßschwemme im Angerviertel und in das Hundsfottbad in der heutigen Hundskugel im Hackenviertel zum Baden gehen. Das Hundsfottbad war für die arme Bevölkerung bestimmt. Hundsfott ist ein ganz abscheuliches Wort. Damals nannte man arme Menschen Hundsfötter.

Der Betreiber eines Bades hieß „Bader". Der Beruf des Baders war sehr vielseitig. Ein Bader hat allerlei von Heilkunde verstanden und mit Kräutermixturen und Dampfbädern so manchen Schmerz lindern können. Außerdem übte er auch den Beruf des Friseurs aus. Ältere Menschen sagen heute noch, dass sie zum „Bader" gehen, wenn sie einen Friseurbesuch nötig haben.

Die Bäckerschnelle

Im alten München war das Bäckerhandwerk ein sehr angesehener Beruf. Brot war das wichtigste Lebensmittel in jener Zeit. Folglich gab es auch sehr viele Bäckereien. Schon damals wurden die Lebensmittel auf ihre Qualität geprüft. Wenn nun bei einem Bäcker festgestellt wurde, dass der Laib Brot oder die Semmeln nicht den vorgeschriebenen Auflagen entsprachen, wurde er empfindlich bestraft. Gendarmen kamen in Begleitung von Stadttrommlern, holten den betrügerischen Bäcker aus der Backstube und führten ihn zur Rossschwemme in der Nähe des Heilig Geist Spitals. Die Münchner, die die Stadttrommler hörten, liefen zusammen und freuten sich, dass es wieder mal etwas zu sehen und zu lachen gab. Der Bäcker wurde in einen Korb gesetzt und zur großen Gaudi der Zuschauer dreimal ins Wasser getaucht. Für den Bäcker war das eine unglaubliche Schande, wie Du Dir denken kannst. Dieser Brauch hielt sich bis 1810.

Ähnlich ging es zu, wenn jemand an den Pranger gestellt wurde. Heute werden Schandtaten in den Zeitungen oder im Radio bekannt gemacht. Damals gab es den Schandpfahl oder den Schandesel, an den ein Störenfried gebunden wurde. Neben dem Rathaus, also mitten in der Stadt, in unmittelbarer Nähe der Schranne, wo immer viele Menschen unterwegs waren, stand der Schandesel. Jeder, der vorbeikam, durfte den Übeltäter beschimpfen, verhöhnen oder auch bespucken.
Aber, was hat es geholfen? Egal, wie hart die Strafen waren oder sind, Übeltäter wird es leider bis in alle Ewigkeit geben.

Der Goldschmied vom schönen Turm

Der schöne Turm stand bis vor 200 Jahren an der Nahtstelle von der Kaufinger- zur Neuhauserstraße. Dort ist im Pflaster der Grundriss markiert. Beim Kaufhaus Hirmer ist eine Bronzetafel angebracht, die den schönen Turm mit ein paar gotischen Bürgerhäusern zeigt. An der Hausecke „Hirmer" sieht man in Stein gehauen einen Mann, der auf seinen Schultern einen Turm trägt.

Die Sage erzählt: Der Goldschmied, der seine Werkstatt am schönen Turm hatte, war ein angesehener und tüchtiger Handwerker. Eines Tages kam ein Edelmann mit einem schönen Schmuckstück zu ihm und bat ihn, diesen Schmuck umzuarbeiten. Gerne nahm er den Auftrag an. Als der Herr gegangen war, öffnete er das Fenster in seiner Werkstatt und ging zum Essen. Als er zurückkam, war der Schmuck spurlos verschwunden. Der Goldschmied geriet in Angst und Schrecken. Er eilte zu dem edlen Herrn und überbrachte ihm die Hiobsbotschaft. Der aber war erzürnt, holte einen Richter, der die Werkstatt in Augenschein nahm. Man fand keine Einbruchspuren an der Tür. Nun half kein Jammern, kein Klagen, kein Beteuern. Der arme Goldschmied wurde des Diebstahls bezichtigt und zum Tode verurteilt.

Einige Wochen nach dem Tode des Goldschmieds waren Dachreparaturen am schönen Turm notwendig. Da sah ein Dachdecker ganz in der Nähe ein Elsternnest, aus dem etwas blinkte. Er griff in das Nest und siehe da, er hielt den angeblich gestohlenen Schmuck in der Hand. Eine diebische Elster war die Missetäterin. Ein unschuldiger Mann musste dafür mit seinem Leben bezahlen.

Der Teufelstritt in der Frauenkirche

Wenn Du durch das Hauptportal in die Frauenkirche hineingehst, findest Du in der Vorhalle unter der Orgelempore im Pflaster einen Fußtritt. Fast immer stehen Kinder und auch Erwachsene um diesen wunderlichen Fußabdruck herum und hören und schauen gespannt, was es da zu erzählen gibt. Dazu gibt es folgende Sage:

Der Teufel hat von dem großen Kirchenbau erst erfahren, als der Baumeister Jörg von Halsbach mit dem Bau schon fast fertig war. Die Kirche war aber noch nicht geweiht. Da sah der Teufel noch eine Chance für sich; denn er wollte natürlich verhindern, dass in München schon wieder eine Kirche gebaut wird.

Er zog sich seinen Unterteufel, den „Sturm", zu Rate. „Mit vereinten Kräften werden wir diesen Bau einreißen", sagte dieser „ich bringe die äußeren Mauern zum Einstürzen und Du die inneren". „Gute Idee" meinte der Teufel. Als er unter der Orgelempore stand, traute er seinen Augen nicht. „Was soll denn das? Keine Fenster weit und breit? Da geht doch kein Christenmensch zum Beten hinein! So ein Pfusch! Meine Kräfte brauche ich für etwas anderes!" Voller Freude stampfte er in den Fußboden, lachte über die Blödheit des Baumeisters und flog von Dannen. Seinen Unterteufel, den Sturm, hatte er vergessen, mitzunehmen. Dieser bläst seitdem das ganze Jahr über wie wild um die Kirche.

Das ist natürlich eine Sage. Aber von der Stelle des Fußtritts aus siehst Du tatsächlich keine Fenster, nur das wunderschöne 500 Jahre alte „Scharfzandtfenster" im Chorumgang.

Die Rennsau als Liebesbote

Dass es im alten München Rennsäue gab, habe ich schon einmal erzählt. Dazu gibt es aber noch eine ganz nette Geschichte:

Der Besitzer einer Rennsau durfte diese auf den Gassen der Stadt ein Jahr lang frei laufen lassen. Abfälle lagen genügend herum; Schweine sind ja Allesfresser, aber auch gesellige Tiere. Einmal gab es eine Rennsau - ich nenne sie nun einfach „Reserl" -, die sich gerne in der Nähe einer Bäckerei am Marienplatz aufhielt. Bald hatte das Töchterchen des Bäckers das Reserl liebgewonnen, hat es gestreichelt und ihm schöne Schleifchen um den Hals gebunden. Dem Reserl gefiel das und voller Freude lief es jeden Tag zu dem Mädchen.

Ein junger Bursche, der sich in das hübsche Mädchen verliebt hatte, sich aber nichts zu sagen traute, hat einen Liebesbrief an das Rennsauschleifchen gebunden - und ab ging die Post. Das funktionierte prima. Auch das Mädchen schickte auf diese Weise Liebesbriefchen an den Absender zurück. Diese Post ging fast täglich hin und her und - wie kann es anders sein - nach einem Jahr, als die „Gnadenfrist" für das Reserl abgelaufen war, wurde Hochzeit gefeiert.

Dies soll eine wahre Geschichte sein.

Inzwischen schreiben sich die Buben und Mädchen per SMS ihre Liebesbotschaften. Gar so romantisch ist das aber nicht!

Die Löwen an der Residenz als Glücksbringer

Warum streicheln wir eigentlich die Schnauzen der Löwen an den Portalen der Residenz? Weil sie Glück bringen sollen! Dazu gibt es folgende Geschichte:

König Ludwig der I. hat die Lola Montez, eine schöne, rassige und raffinierte Frau, sehr verehrt. Er war so in sie verliebt, dass er ihr jeden Wunsch erfüllte. In ganz München wurden Skandalgeschichten über diese „spanische Fliagn" erzählt. Lola Montez hat nämlich behauptet, sie sei Spanierin; deshalb nannten die Münchner sie die „ spanische Fliagn". In Wirklichkeit kam sie aus Irland.

Als eines Tages der König die Residenz verlassen hatte, hing ein großes Blatt Papier an einer Löwenschnauze, auf dem der König wegen seiner Lola übel verspottet wurde.

Das war Majestätsbeleidigung, so was konnte der König nicht ungestraft lassen. Er hat eine verlockend hohe Geldsumme für die Ergreifung des Täters ausgesetzt. Der Täter, nicht feige, dachte sich, wenn ich Glück habe, kann ich mir die Belohnung selbst verdienen. Er schrieb auf ein Blatt Papier: „Deren Täter waren vier, ich, Feder, Tinte und Papier!" Daraufhin musste König Ludwig herzlich lachen und der Täter bekam für soviel Mut eine schöne Belohnung.

Seitdem gelten die Löwen als Glücksbringer.

Das Brunnenbuberl

„ Die gute alte Tante spricht:
Nur keine Nuditäten nicht!
Denn ist das Bübchen noch so klein,
so muss es doch bekleidet sein,
Denn einmal wird es zum Mann,
Was das, was dann?"

Skandal, riefen empörte Omas und Tanten, als vor gut 100 Jahren das Brunnenbuberl am Stachus aufgestellt wurde. „So ein nacktes Buberl in aller Öffentlichkeit zur Schau stellen, ja, um Gotteswillen, wo führt denn das hin?". Das Buberl muss angezogen werden. Omas und Tanten strickten tatsächlich Hoserl für den kleinen Nackedei. Menschen nackt darzustellen, war damals eine Sünde.

Das war auch die Zeit, in der man die nackten griechischen Götter und Helden in der Glyptothek mit Feigenblättern bedeckt hatte. Übermütige Studenten machten sich aber einen Spaß daraus, die Feigenblätter immer wieder zu entfernen. Heute lacht man darüber. Vor hundert Jahren war halt vieles noch ganz anders, was wir heute gar nicht mehr verstehen können.

Inzwischen gehört das Brunnenbuberl zu einer viel bewunderten, häufig fotografierten Brunnengruppe. Sie ist kunstgeschichtlich sehr wertvoll, eine Zierde für München. Matthias Gasteiger aus Holzhausen am Ammersee war der Schöpfer dieses Jugendstil - Kunstwerks.

Im alten München hat sich allerhand zugetragen,
wie Du es auch in diesem Büchlein wieder lesen kannst.
Ich hoffe, es hat Dir gefallen.

Es grüßt das Münchner Kindl!